はじめに

大人は全員、かつて子どもでした。なのに、いつの間にか、子ども時代の気持ちって忘れてしまいますよね。親という立場なら、子どもの気持ちが分からないと悩《なや》んでしまうことも多いもの。もしかすると、それが「大人になる」ってこと?

きっと、そうじゃない——。私は記者《きしゃ》として取材《しゅざい》をする中で、子どもたちの気持ちをまっすぐに代弁《だいべん》する大人と出会いました。それが、「子どもが作る『弁当の日』」を考案《こうあん》した竹下和男《かずお》さん(当時・香川県《かがわけん》の滝宮《たきのみや》小学校長)です。

竹下さんが赴任《ふにん》した学校では、子どもたちが先生たちの話に「聞く耳」を持ち始めます。先生たちの言葉に応《こた》えようと、「行動」に出始めます。一見《いっけん》、不思議な現象《げんしょう》のようですが、「この学校の先生たちは、こちらの気持ちを分かった上で指導《しどう》している。言葉が通じる大人たちだ」という信頼《しんらい》が、思春期《ししゅんき》の心の扉《とびら》を開かせるのだろうと思います。

全国でも前例《ぜんれい》がなかった「子どもが作る『弁当の日』」という取り組みは、2001年10月、滝宮小学校で始まりました。1学期の家庭科で調理《ちょうり》の基本を学んだ5、6年生たちが、2学期から月に1回、自分だけで弁当を作るのです。それも、献立《こんだて》、買い出し、調理、箱詰《はこづ》め、片づけまで全部です。ルールは「親は手伝わないで」。

けがをしないよう、包丁《ほうちょう》の使い方、ガスの使い方もしっかり教えます。でも、大人という生き物はとても心配性なのでしょう。「けがをしたらどうする?」「不格好《ぶかっこう》な弁当になるのでは?」「朝、早起きできるはずがない」

「弁当作りなんて面倒《めんどう》なこと、したがらないに決まっている」…。親からも先生からも、「無理なのではないか」という不安の声が上がったそうです。

それに対して、竹下さんはこう答えてきました。

「子どもって、やらせてみたら、結構《けっこう》やるもんですよ」

………

さて、実際《じっさい》どうだったのかは、この本を読んでのお楽しみ。ただ、すてきな出来事が子どもたちや学校、家庭に起こったことは間違《まちが》いありません。なぜなら、たったひとつの小学校で始まった「弁当の日」が、10年目には全国の小・中・高・大学５８７校（２０１０年5月現在）にまで広がっているのですから。

竹下さんは、よく泣きます。それも、子どもの気持ちを代弁《だいべん》するときに、よく泣きます。初めて見た涙は、育児放棄《いくじほうき》に近い母親の代わりに兄弟の食事を作ってきた女の子が、苦労しながらも定時制《ていじせい》高校に進学を決めた話をしているときでした。「その子はかわいそうな子じゃないんだ」ということを、声をひっくり返らせながら語っていたと記憶《きおく》しています。

学校でもよく泣いたそうです。小学生たちが険《けわ》しい登山《とざん》を果《は》たしたときも、中学生たちが文化祭《ぶんかさい》で見事な合唱《がっしょう》を披露《ひろう》したときも、小さな校内の〝事件〟で子どもたちの勇気や正義感《せいぎかん》、思いやりをみたときも…。子どもたちが「成長したい」「一人前《いちにんまえ》になりたい」と踏《ふ》み出す姿《すがた》に触《ふ》れるたび、「私は、その成長がうれしいんだ」と、子どもたちの前でぼろぼろ涙を流して伝えてきたのです。

今の社会に、子どもたちの人生を思って泣ける大人が、どれほどいるでしょうか。感動《かんどう》ものの映画や本を通して「泣きたい大人」は、私自身を含《ふく》めてたくさんいます。同じ涙といっても、それは自分自身を癒《いや》す涙なのかもしれません。大人も精一杯《せいいっぱい》に生きているのだから、癒しは必要。でも、子どもたちも、もっと精一杯なのです。

竹下さんが「弁当の日」を通して見せる世界は、かつて子どもだった私たち大人に、子どものころの気持ちを思い出させてくれます。

この本では、竹下さんがぼろぼろ涙ながらに語ってくれた実話《じつわ》をもとに紡《つむ》ぎ出した6つの物語を、竹下さん自身が語り部となって紹介します（名前やシチュエーションは、趣意《しゅい》が変わらない範囲《はんい》で加工しています）。ひとつひとつのエピソードには、砂金《さきん》のように、子どもたちの思いが散《ち》りばめられています。ぜひ、ゆっくり、そして何度もページをめくって、いろいろな色合いの気持ちを拾い集めてみてください。

そういえば、思い出しました。子どもたちの人生を思って泣いた大人の1人に、「泣きみそ先生」がいました。小説「二十四の瞳《にじゅうしのひとみ》」（著者《ちょしゃ》・壺井栄《つぼいさかえ》）に登場《とうじょう》する、小豆島《しょうどしま》の分校《ぶんこう》で12人の教え子とまっすぐに向き合った大石久子先生のあだ名です。

奇《く》しくも舞台《ぶたい》は、「弁当の日」が生まれた香川県。さて、現代の「泣きみそ校長」は「弁当の日」を通して、どんな瞳の子どもたちと出会ってきたのでしょう。

それでは、物語のはじまり、はじまり。

渡邉美穂《わたなべみほ》

泣きみそ校長と弁当の日

もくじ

こげこげ弁当

この弁当、すごいでしょう？
肉もタマネギもナスも
焼《や》きすぎてまっ黒。
でも、わたしはこの弁当が
とっても好きなんです。

持ってきたのは
中学2年のゆうき君でした。
1年生のときから数えて、
4回目だった「弁当の日」。
いつも、卵焼きやサラダを詰《つ》めた
きれいな弁当を食べていたはずなのに、
なぜか、この日はこげこげ。

「お前、ようここまでこがしたなあ！」

弁当の時間。
クラスの友だちは、
こげこげ弁当を見て大笑い。

でも、本人は
とてもうれしそうにしています。

後から知ったことですが、
実は前日の夜、
ゆうき君の家で
こんな出来事があったのでした。

「おかん、
今までおかんにこっそり作ってもらってたけど
明日の弁当は、おれが作る」
「何言ってんの。
勉強があるやろ。
弁当はわたしに任《まか》せとけばええ」

「うちのクラスでもな、
『自分で作った』
『おれも全部作った』
っちゅう友だちがどんどん増《ふ》えとる。
おれも、自分で作りたいんや」

「中学生なんだから、勉強がいちばん！
夜、ぎりぎりまで勉強して
朝、ぎりぎりまで寝《ね》てなさい。
わたしがちゃーんと作って
おいしいの、持たせてあげるから」

「おれ、自分で作りたいんや」

「おかん、たのむ。作らせてくれ…」

「作らせてくれ」

「なぁ！　作らせてくれ！」

何度も何度もうったえるゆうき君に
お母さんは
とうとうキレてしまいました。

「そこまで言うんやったら、
勝手《かって》にしなさい！」

次の日の朝。
ゆうき君は、いつもより早く起きて
ひとりで弁当を作りました。

できあがった弁当を見たお母さんは
あわてました。

「ちょっと待って！
それ、教室で、みんなの目の前で、
ふたを開けて食べるつもり!?」

「おかん、ばかか。
ふたを開けんと食べられんやないか」

「冗談《じょうだん》でしょ!?
そんな弁当持っていかれたら
わたしの料理のレベルまでうたがわれる！」

お母さんは
まっ黒になった肉と
自分が作ったきれいな卵焼きとを
入れかえようとしました。

今度はゆうき君が大きな声を出す番です。

「これはおれの弁当や！
自分で作った弁当を
自分で食べるのが『弁当の日』や！」

こうして、ゆうき君の弁当は、
4回目にして、
こげこげになったのでした。

その日のランチタイム。

「すごい！」

「かわいい！」

「おいしそー！」

いろどりよくまとめた弁当を
みんなが見せ合う中で
ゆうき君の弁当は
ひときわ目立つ「地味弁《じみべん》」でした。

それでも、ゆうき君は
弁当箱を自慢《じまん》げに広げ
おいしそうに、うれしそうに
一粒《ひとつぶ》も残さず平《たい》らげました。

わたしは、このこげこげ弁当を
密《ひそ》かにこう名づけました。

「独立宣言《どくりつせんげん》弁当」

翌月《よくげつ》も、翌々月《よくよくげつ》も
ゆうき君は、自分の手づくり弁当を持ってきました。
でも、もうあんなに
こげこげではありませんでした。

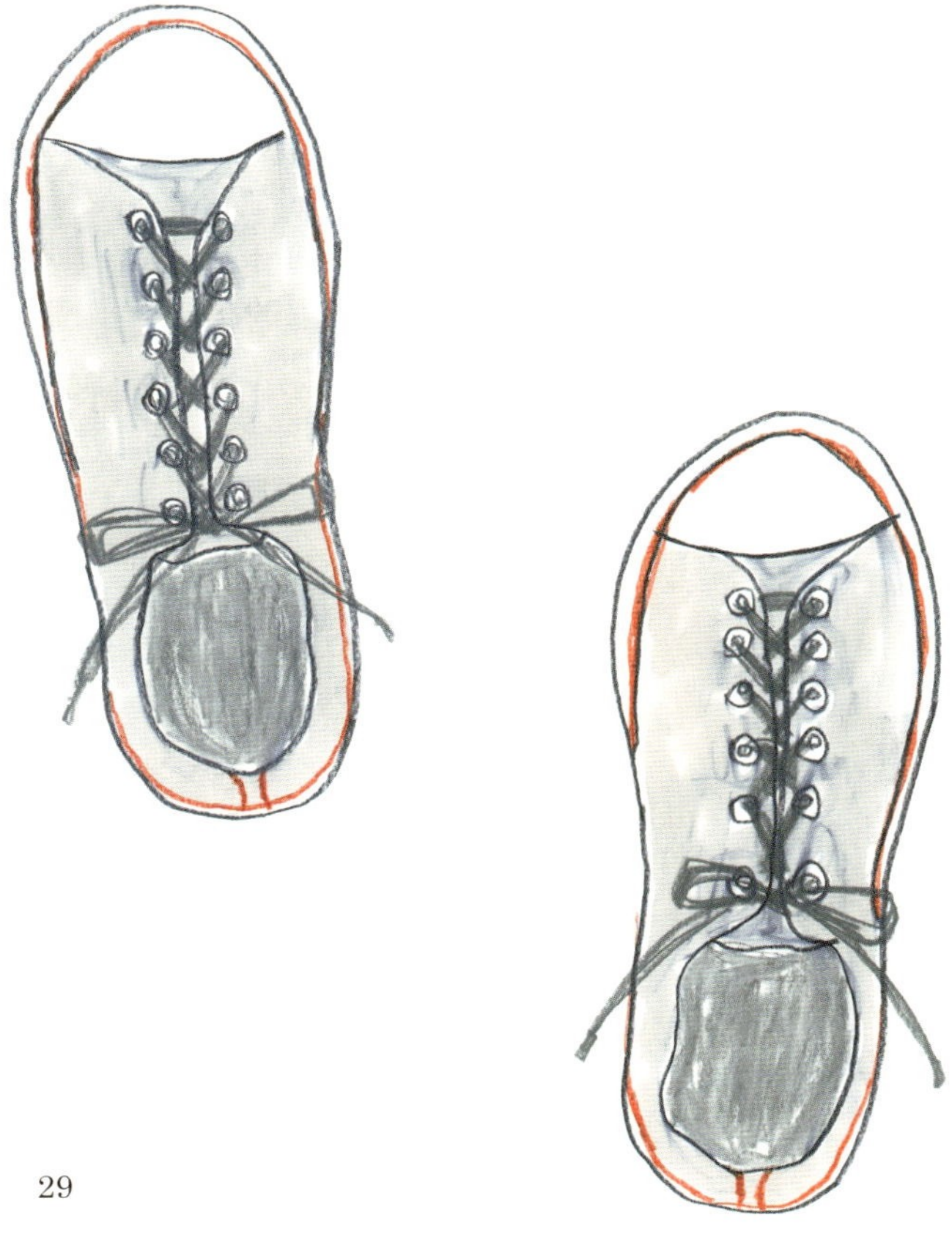

ピーマンくさい

「〝弁当の日〟は楽しいけど、早起きがつらい」
という男の子が秘策《ひさく》を思いつきました。

6人グループを作って
1人が1品ずつ、6人前を持ち寄《よ》ろうというのです。
子どもたちは弁当作りの経験者《けいけんしゃ》たちですから、
「1品6人前」弁当と「6品1人前」弁当の、
製作《せいさく》時間の差をすぐに理解《りかい》しました。

でも、一番楽しく思えてきたのは、
友だちの料理を5種類《しゅるい》も
食べられるということでした。

このアイディアはすぐにクラスに広まって、グループごとの相談《そうだん》が始まりました。

きょうすけ君が、早口に言いました。

「テーマは中華《ちゅうか》にしよう！

おれ、ぎょうざ！」

自分が得意《とくい》なぎょうざを披露《ひろう》したかったようです。

「じゃあ、わたし、
チャーハン作る」

ゆみ子さんは
家族がいつもほめてくれるチャーハンを
作りたいと思ったのです。

するときょうすけ君がひと言。

「おれ、ピーマンきらいやからな」

チャーハンにピーマンを入れるなよ
という意味なんだと、すぐ分かりましたが
ゆみ子さんは、心の中でこう考えました。

ピーマン入りでも
おいしいチャーハンを作ってみよう。
「ピーマン入っててもおいしいなあ！」って
きょうすけ君を驚《おどろ》かせよう。

その日から、２週間、家の台所で、
ゆみ子さんは何度も、何度も練習しました。

ピーマンの切りかたや火の強さ
香辛料《こうしんりょう》の種類《しゅるい》や組み合わせ、塩かげん…。

もっとにおいがなくなるように。
もっとおいしくなるように。

あと1回、
あと1回…。

そして、

「弁当の日」の朝。

「これなら大丈夫!」

毎日、チャーハンを味見《あじみ》してくれたお母さん、お父さん、お姉ちゃんがV《ブイ》サインで見送ってくれました。

大きな包みをぎゅっと抱えて、
跳《は》ねるように教室にきたゆみ子さん。

その日、ゆみ子さんは
こんな感想文《かんそう》を書きました。

弁当の日のこと

5年3組　野口ゆみ子

今度の弁当の日は、きょうすけ君のことだけ考えて
チャーハンを作ってきました。
「ピーマンが入っていてもおいしい」と
言ってほしかったのです。

でも、わたしがふたを開けたとたん、
きょうすけ君は
「うえっ。ピーマンくさっ」と言いました。

そして、私のチャーハンは
一口も食べてくれませんでした。

とても悲しくて
「つらい　つらい」と考えているうち、
わたしも、つい、このあいだ
お母さんが作ってくれたおかずを
「おいしくない」と言って
皿を押し返したことを思い出しました。

よろこんでほしいと思っていた人から
「おいしくない」と言われることは
こんなにつらいことなんだと
はじめて分かりました。

お母さん、今までごめんね。

もう二度とお母さんが作ってくれたご飯を
残さないようにしようと思いました。

ゆみこ

お父さんの背中

5年2組のまり先生のところに
りょうた君のお父さんから連絡《れんらく》が入りました。

「『弁当の日』をやめてほしい」

いったいどういうことでしょう？
まり先生は、家庭訪問《かていほうもん》することにしました。

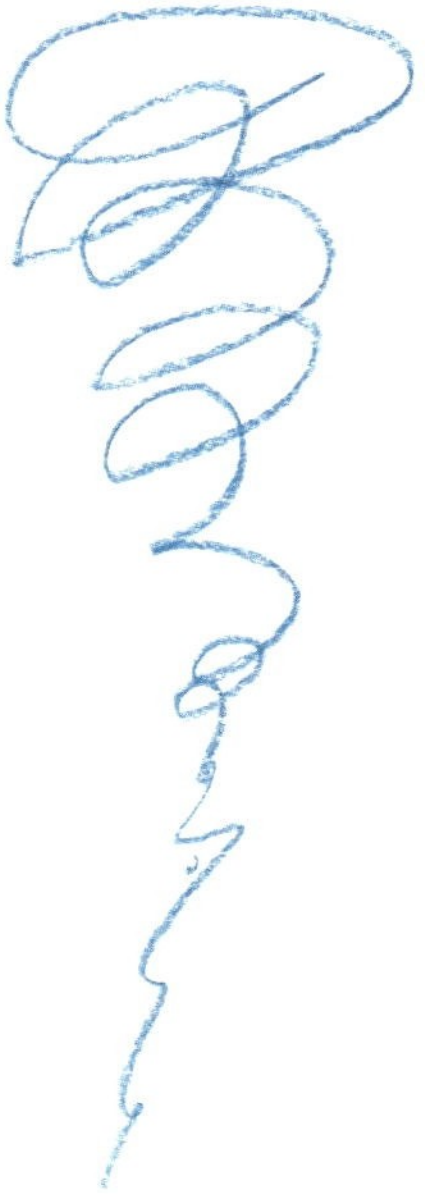

りょうた君は、お父さんと2人暮らし。
お母さんは、数年前に離婚《りこん》して家を出ました。
家の冷蔵庫には食材がなく、
いつも、お父さんが買った弁当か
外食ですませているようです。

「お母さんがいる家では
一緒に台所に立って
楽しそうに弁当づくりの練習をしているようですね。
うちはそんなことしてやれないから
息子がかわいそうで…」

前回の「弁当の日」、
りょうた君が持ってきた弁当は
パックのそうざいを詰《つ》め替《か》えたもの。
あまり会話をせず
背中を丸めて食べていたりょうた君のことが
まり先生は気になっていました。

「父子家庭の子どもが辛《つら》い思いをするような
『弁当の日』は、もうやめてほしい」
ということだったのです。

お父さんの話をじっと聞いていたまり先生は
ゆっくりと口を開きました。

「でもね、お父さん。
離婚するのかしないのか、
お母さんととことん話し合って
離婚した方がいいと決めたんでしょう？」

「……」

「どちらが子どもを引き取った方がいいか
とことん話し合って
お父さんが育てると決めたんでしょう？」

「……」

「だったら、『おれが引き取ったからこの子はかわいそう』ではなくて、『おれが引き取ったからには息子が一人前《いちにんまえ》になるまでおれがちゃんと育てる』という行動に出てもらえませんか」

お父さんはしばらくだまっていましたが小さな声で「わかりました」と言ってくれました。

その翌月の「弁当の日」。

5年1組では

恒例《こうれい》になったおかずの交換会《こうかん》でにぎやかでした。

りょうた君も、珍《めず》しく立ち上がりました。

「…先生、おれの卵焼き、あげる」

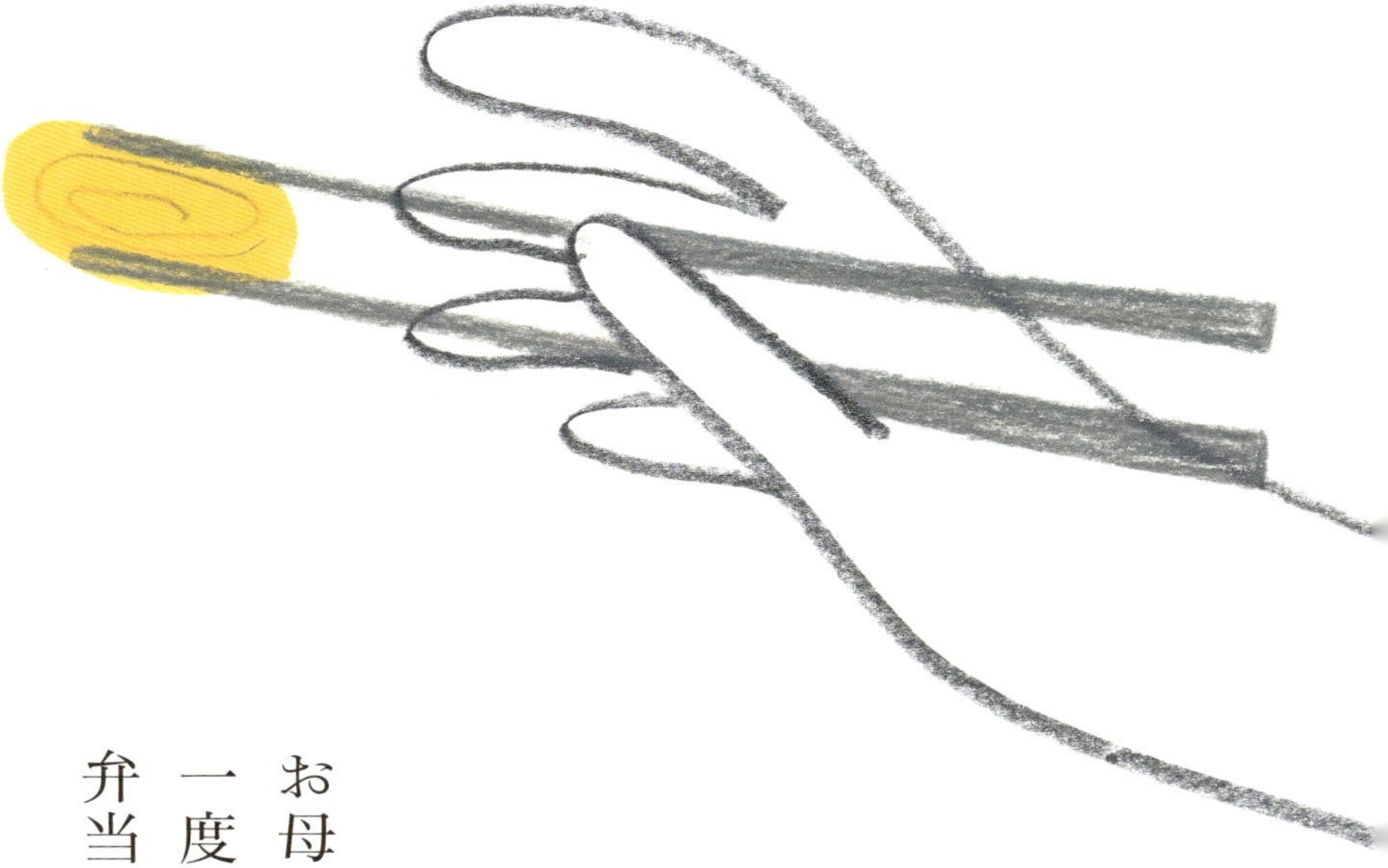

お母さんが家を出て以来、
一度も見せたことのない笑顔が
弁当箱の向こうにありました。

実は、りょうた君のお父さんは、
とってもすてきな行動に出てくれていたのです。

「ばあちゃん、料理を教えてくれ」

まり先生が家庭訪問《かていほうもん》した次の日曜日から毎週、
隣《となり》町に住むおばあちゃんを訪《たず》ねて
お父さんは料理の練習を始めました。

「男は台所に立つもんじゃない」が
口ぐせだったお父さんが
スポーツ紙じゃなくて、料理本をめくっています。
料理番組を録画《ろくが》してせっせとメモしています。
台所でなにやら悪戦苦闘《あくせんくとう》しています。

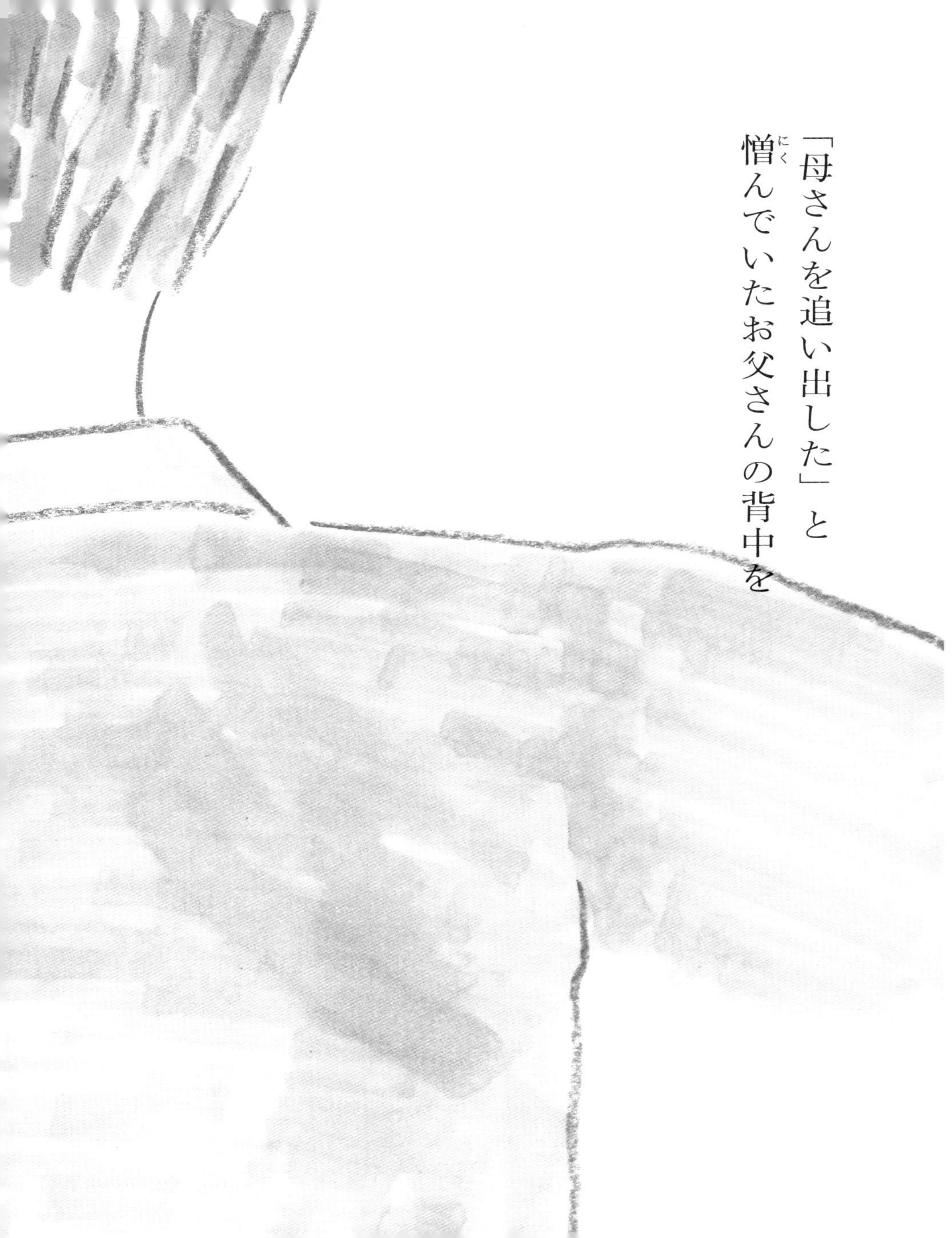

「母さんを追い出した」と
憎《にく》んでいたお父さんの背中を

りょうた君は
ただただ、じっと見ていました。

ある日の夕食時間。

炊《た》きたてのご飯と
きれいにうずを巻《ま》いた卵焼きが
テーブルに並びました。
パックのそうざいはありません。

「おれの卵焼き、
どうや、うまいやろ？」

「……まぁまぁや」

「作り方おしえたろか？」

「うん」

お父さんは胸を張って
大きな声で笑いました。

お父さんから教えてもらった卵焼き。
まり先生によると、
ほんのり甘くて、　おいしかったそうです。
りょうた君、　次は校長先生も待っているよ。

3つのおにぎり

「家の台所で、子どもひとりで弁当を作らせよう」

わたしがそう呼びかけると、保護者《ほごしゃ》や教員《きょういん》から困惑顔《こんわくがお》でかならずこう聞かれます。

「親がネグレクト※だったり、料理がまったくできない人だったり、家に食材がなかったり…そんなかわいそうな子どもたちは弁当を持ってこられないでしょう?」

※ネグレクト＝育児放棄《いくじほうき》

わたしはこう答えます。


「その、かわいそうな状況《じょうきょう》をそのままにしておく方がかわいそうではないですか？

年に数回の〝弁当の日〟でさえ、普通の弁当を持参《じさん》できない子が、日々の食事をちゃんと食べられていると思いますか。

親が料理を作れないなら子どもが自分で作れるよう導《みちび》けばいい。

それはその子の一生の財産《ざいさん》になるし、助かるのは親の方です。

かわいそうな子をかわいそうなままにしておかない、と行動《こうどう》することは大人の義務《ぎむ》だと思いませんか」

この話をすると、
思い出す中学生がいます。
3年生のとし君です。

とし君は、お母さんと2人暮《ぐ》らし。
お母さんは、夜働いています。
だから、毎朝、
お酒のにおいをぷんぷんさせて寝ているお母さんを
起こさないよう支度《したく》して
学校にやってきます。

ご飯を作ってもらったことはありません。
台所のテーブルの上に
コンビニ弁当か千円札を置《お》いてくれているから
困ることはないようです。

「弁当の種類《しゅるい》は変えているから、飽《あ》きんでええ」
と、母親を気づかうように話したことがありました。

日替り弁当
480円

とし君は、そんなお母さんに
「弁当の日」のことを知らせていません。
作ったフリをして持ってくるのは
いつも〝コンビニつめ替《か》え弁当〟です。

「お、今日はシャケ弁《べん》じゃのう」

体育のあつし先生は、
とし君のことをいつも気にかけていました。
自分で作ってないことは、もちろん分かっていましたが
何も言いません。

あつし先生は
放課後《ほうかご》に勉強をみてやったり
休日にドライブに連れて行ったり
そんな形でとし君を見守っていました。

高校入試《にゅうし》シーズンが始まる前に
3年生にとって最後の「弁当の日」がやってきました。
テーマは
「誰かに食べてほしいプレゼント弁当」です。

〝つめ替え弁当〟のとし君は
いつも以上に辛《つら》い思いをするかもしれない。
もしかしたら学校に来ないかもしれない。
先生たちは心配していました。

ところが、当日。
とし君も、
手に弁当包《づつ》みを２つ持って登校してきました。

「先生！」

ランチタイムになると、
とし君は職員室にいたあつし先生に駆《か》け寄《よ》りました。

弁当箱を差し出し、無言《むごん》で敬礼《けいれい》。

先生がふたを開けると、なんと、
ぶかっこうなおにぎりが３つ入っていました。
もちろん、コンビニでは絶対見つからないおにぎり。

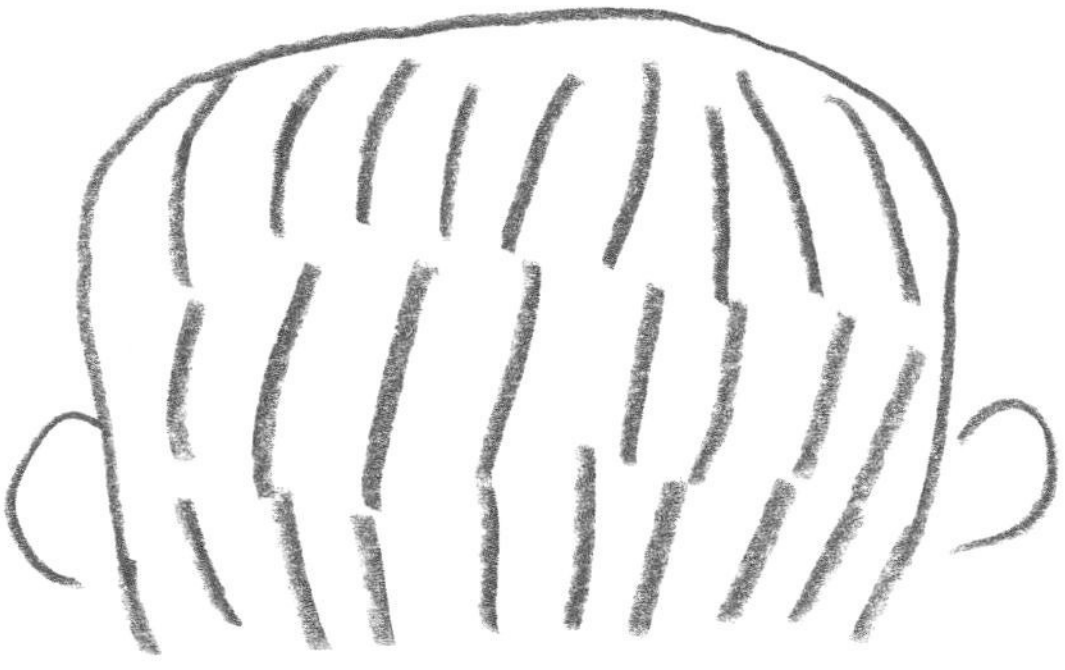

「おれの人生で最高の弁当や!」

あつし先生は目を赤くして、
とし君の頭をぐしゃぐしゃになで回しました。

あー、
あのときのおにぎり1個、
食べたかったなあー。

あつし先生が、泣きながら食べてたから
「ほしい」と言えなかった…。

感謝弁当

「弁当の日」が各地に広がると、
いろいろな演出《えんしゅつ》を工夫《くふう》する学校も出てきました。
子どもたちの心がときめくよう、
S市の小学校ではこんなテーマを設定《せってい》したそうです。

「感謝《かんしゃ》弁当」

企画したのは、ある6年生のお母さんでした。
学校に「弁当の日」をやりましょうと
持ち掛《か》けてくれたのです。
おかげで、すてきなすてきな物語がまたひとつ、
生まれました。

さきちゃんの家族から届《とど》いた便《たよ》りを紹介しましょう。

…………

娘は今、6年生です。
もうすぐ卒業して中学生になります。
でも、「弁当の日」があるまで、
1人で台所に立たせたことはありませんでした。
もちろん、献立《こんだて》を決めたり、
食材をそろえたりといった経験《けいけん》も初めて。
「どんな弁当になるのだろう…」と
親の方がハラハラしながらその日を迎《むか》えました。

第1回目の「弁当の日」。
テーマは「感謝弁当」でした。
いつも寝坊《ねぼう》しがちな娘が、朝5時には起きたようです。
私がのぞいたときにはもう、台所に立っていました。

ずいぶん早起きだなあと思ったら、
なんと、弁当を3つも作るというのです。

ひとつは、単身赴任《たんしんふにん》先から帰省《きせい》していたお父さんに。
もうひとつは、病院に入院しているおばあちゃんに。
もうひとつは、自分用に。

さきの作業《さぎょう》を見ているともどかしくてたまりませんでした。
いため物をしながら調味料を探して焦《こ》がしそうになったり、
調理台《ちょうり》が物であふれてボールをひっくり返しそうになったり。
でも、さきの背中は
「1人でやらせて」と訴《うった》えているようにも見えました。
単身赴任《たんしんふにん》先の大阪から週末に帰宅していた夫と2人、
食卓のイスに座って、
じっとさきの背中を見ていました。

不思議《ふしぎ》でした。

いつも「お母さん、お母さん」って
頼《たよ》ってきたさきだよね？
新品のランドセルに背負《せお》われているようだったのは、
ついこの前じゃなかったっけ？
手を引いて歩いたり、靴《くつ》を履《は》かせたり、
髪を洗ってあげたり、歯をみがいてあげたり、
おむつ変えたり、お風呂に入れたり、
おっぱいあげたり…。
幼かったさきの感触《かんしょく》が、私の中で吹《ふ》き出しました。

「いつの間にこんなに成長してたんだろう」

朝から、なぜか涙が止まりませんでした。
夫を見ると、私よりもぼろぼろ泣いていました。

さきちゃんが作った3つの「感謝弁当」。
お父さんは、大阪に向かう新幹線の中で、
朝ご飯として食べたそうです。

「おいしかった。うれしかった。
さきに必ず『ありがとう』と伝えてくれな」

大阪から自宅に電話してきたときも、涙声《なみだごえ》だったとか。
さきちゃんの味つけより、
かなりしょっぱくなってしまったことでしょうね。

おばあちゃんは病室で、
孫娘《まごむすめ》の手弁当をお母さんから受け取りました。
ベッドを覆《おお》う白いシーツの上に正座して、
丸っこい手を額《ひたい》の前で合わせて、
おばあちゃんはこう言いました。

「ありがたいねぇ。ありがたいねぇ。
結婚以来、今までたくさんの弁当を作ってきたけど、
誰かに作ってもらったのは、これが初めてや…。
あぁ、おいしいよぉ。
おいしいよぉ。
ばあちゃんは幸せ者だって、
さきによう伝えてくれな」

おばあちゃんの笑いじわに涙が満《み》ちていくのを、
お母さんは初めて見たそうです。

3つ目の弁当を
学校で食べたさきちゃん。
自分でも満足の
出来だったようですが、
帰宅して知った
家族の喜びようには
驚《おどろ》いたそうです。

お父さんからの伝言と涙の話…。
おばあちゃんからの伝言と涙の話…。
お母さんと2人きりの夕食時間、
さきちゃんは
たっぷり聞くことができました。
きっと、その日の食卓は、
お父さんと、おばあちゃんと、
全員で囲んでいるかのように
楽しかったことでしょうね。

「まだまだ上手じゃないのに、
どうしてそんなに喜んでくれたんだろう」

さきちゃんは正直《しょうじき》なところ、
大人の気持ちはよく分からなかったみたい。
でも、「もっと弁当を作ってあげたい！」と
思ったそうです。

これは、さきちゃんにとって、
たった1回の弁当作りで起きた出来事です。
まさに、「弁当の日」マジック。

もう中学生になったさきちゃん。
「すごく楽しかったから、
『弁当の日』が広まったらいいなって思います」
今では彼女も、立派《りっぱ》な「弁当の日」応援団《おうえんだん》です。

ぷよぷよそうめん

この少年、どうして泣いているのでしょう。

最後の話は、
井戸《いど》の水をバケツで運《はこ》び、
薪《まき》で火をおこし、
かまどで煮炊《にた》きをし、
五右衛門風呂《ごえもんぶろ》を沸《わ》かしていた頃《ころ》の話です。

かず君は、小学5年生。
5人兄弟の末《すえ》っ子です。
貧《まず》しい暮らしなので、
子どもが家事を手伝うのはあたり前。
かず君は炊事《すいじ》や風呂焚《た》きをよくしました。
かず君の家は、なたね油を絞《しぼ》っていました。

「昼は、おれがそうめん作るわ！」

ある日、休む間《ま》もない両親のために
かず君ははりきって、炊事《すいじ》役を買ってでました。
父ちゃん、母ちゃん、
そして兄ちゃん、姉ちゃんと自分。
7人分の麺《めん》の分量《ぶんりょう》も、ゆで時間も、
お母さんのそばでいつも見ていたので、ばっちり。

そうめんは、ゆで加減《かげん》が〝命〟です。

「いま引き上げれば、完ぺきや！」

自信満々《まんまん》のかず君。

ところが、思わぬ壁《かべ》が待っていました。

大きな熱い鍋を持ち上げて

かまどから流しにまで運べなかったのです。

あわててほかの鍋に箸《はし》ですくい取り、

流しの冷水《れいすい》にさらしたときは、

そうめんはすっかり伸びてしまいました。

歯ごたえがなくなった、ぶよぶよそうめん。
それと、いりこだしのめんつゆをのせたお盆を
仕事場に運びました。

「ごめん、失敗したー」

と、お盆《ぼん》をおくと
両親が汗を拭《ふ》きながら食べ始めました。

一口食べて、お父さんはこう言いました。
「失敗してない。うまいやないか」
お母さんも、こう言いました。

「じょうずに作ったねえ。おいしいわあ」

かず君は仕事場を飛び出しました。

こらえていた涙が一気にあふれてきました。

「父ちゃんも　母ちゃんも
うそつきや！
あんなぶよぶよそうめん、うまいはずがない！
何でうそをつくんや！」

実は、かず君は、子どものころのわたしです。

我が家は貧《まず》しいうえに子だくさん。
家族はいつもぺこぺこです。
親が法事《ほうじ》や寄《よ》り合《あ》いに行くと、
子どもは、わくわくして留守番していました。
出された弁当を、手をつけずに持って帰るから。
そこには
年に数度しか食べられないご馳走《ちそう》が
いっぱいでした。

「一緒に食べよう」と子どもたちが声をかけると
両親はいつも、こう言いました。

「おなかはすいてないから、
お前たちで食べなさい」

これは、昔、日本中の家庭で
ごく普通に見られた光景《こうけい》です。
わたしはずっと、
「大人になればおなかがすかなくなる」と
信じていました。

でも、自分は、成長するほどおなかはすく。
中学2年生のときようやく、
「親は、自分の空腹《くうふく》をがまんして食べさせてくれていた」
と、気づきました。
ぶよぶよそうめんを
「うまい」と食べてくれた親の思いも、
このころ分かりました。
そして、「この親には逆《さか》らえない」と思ったのです。

子どもは、わかっています。

親（いなければ周《まわ》りの大人）が
どれだけ自分のために時間を作ってくれたか、
どれだけ自分のことを考えてくれたか。
どれだけ自分の思いを受け止めてくれたか。
親と心が通《かよ》ったという実感《じっかん》は、
子どもの心深くまで届き、
その経験が、子どもの成長の原動力《げんどうりょく》になります。
そして、その子が本来《ほんらい》持っている力を
引き出していきます。

「料理とは、食材の命に自分の命を和《あ》えること」

これが、私の定義《ていぎ》です。

「人間の体は、食べたものでできている」

という医学的説明《いがくてきせつめい》に、
人間としての想《おも》いをこめたのです。

料理を作るために費《つい》やした時間は
寿命《じゅみょう》の一部なのです。
食べてほしい人のために、自分のために、
寿命を費《つい》やしているのです。
その命にも感謝して手を合わせるのです。
「(あなたの命を)いただきます」

そして、教師として補足《ほそく》するなら、
料理をする人と食べる人が、
お互いに「顔の見える」親密《しんみつ》な関係であるほうが
料理に和《あ》えられた命は劣化《れっか》しにくいようです。

この本の登場人物たちは
食べることが
濃密《のうみつ》な「いのちのバトンタッチ」であることを
体験し、学んでいます。
だから訴《うった》えているのです。

「ひろがれ〝弁当の日〟」

これが、第1話「独立宣言弁当」の主役、ゆうき君（仮名）が作ったこげこげ弁当です。

竹下校長先生から子どもたちに贈《おく》る言葉

台所に立つ子どもたちの瞳《ひとみ》には、食材や調理《ちょうり》道具、完成した弁当だけが映《うつ》るのではありません。6つの物語が伝えてくれるように、子どもたちは「弁当の日」を通して、身近な人たちの「こころ」が見えるようになっていきます。そして、感謝《かんしゃ》されることをしたいと思い始めるのです。

子どもは「チャレンジできる場」さえあれば、自分流《りゅう》に芽《め》を出し、自分色の花を咲《さ》かせ、じきに大きな実《みの》りをもたらす力を秘《ひ》めている。竹下さんが、そんな想《おも》いを込めて書いたのが、「弁当を作る」という詩です。「勉強させる環境《かんきょう》を整《ととの》えてやること」も大切ですが、こうした「育ちの芽」を摘《つ》まないことは、それ以上に大切なことではないでしょうか。してやるだけが子育てじゃない。子どもたちの瞳に映《うつ》る台所は、一人前になる大冒険《ぼうけん》への入り口なのです。

弁当を作る

あなたたちは、「弁当の日」を2年間経験《けいけん》した
最初の卒業生です。
だから11回、「弁当の日」の
弁当作りを経験《けいけん》しました。
「親は決して手伝わないでください」で始めた
「弁当の日」でしたが、
どうでしたか。

食事を作ることの大変さがわかり、
家族をありがたく思った人は、優《やさ》しい人です。
手順《てじゅん》よくできた人は、
給料《きゅうりょう》をもらう仕事についたときにも、

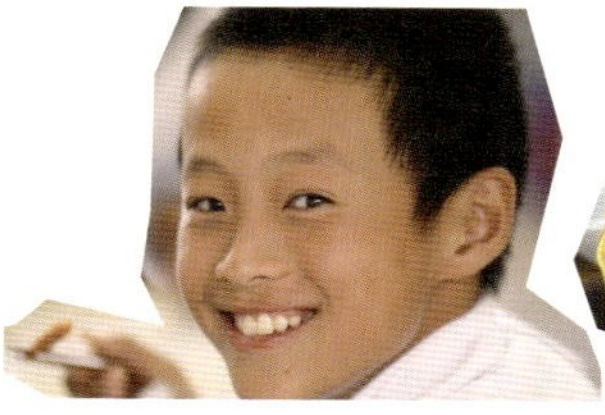

仕事の段取《だんど》りのいい人です。
食材がそろわなかったり、調理を失敗したりしたときに、
献立《こんだて》の変更《へんこう》ができた人は、工夫できる人です。
友だちや家族の調理のようすを見て、
ひとつでも技を盗《ぬす》めた人は、自《みずか》ら学ぶ人です。
かすかな味の違いに調味料《ちょうみりょう》や隠《かく》し味《あじ》を見抜《みぬ》けた人は、
自分の感性《かんせい》を磨《みが》ける人です。
旬《しゅん》の野菜や魚の、
色彩《しきさい》・香り・触感《しょっかん》・味わいを楽しめた人は、
心豊《ゆた》かな人です。
一粒《ひとつぶ》の米、一個の白菜、一本の大根の中にも
「命」を感じた人は、思いやりのある人です。
スーパーの棚《たな》に並んだ食材の値段や
賞味期限《しょうみきげん》や原材料《げんざいりょう》や産地《さんち》を確認《かくにん》できた人は、
賢《かしこ》い人です。

食材が弁当箱に納《おさ》まるまでの道のりに、
たくさんの働く人を思い描《えが》けた人は、
想像力《そうぞうりょく》のある人です。
自分の弁当を「おいしい」と感じ
「うれしい」と思った人は、
幸せな人生が送れる人です。
シャケの切り身《み》に、生きていた姿《すがた》を想像《そうぞう》して
「ごめん」が言えた人は、情《なさ》け深《ぶか》い人です。
登下校の道すがら、
稲や野菜が育っていくのをうれしく感じた人は、
慈《いつく》しむ心のある人です。
「あるもので作る」「できたものを食べる」ことが
できた人は、たくましい人です。
「弁当の日」で仲間がふえた人、
友だちを見直した人は、

人と共に生きていける人です。
調理をしながら、トレイやパックの
ゴミの多さに驚《おどろ》いた人は、
社会をよくしていける人です。
中国《ちゅうごく》野菜の値段の安さを不思議《ふしぎ》に思った人は、
世界をよくしていける人です。
自分が作った料理を
喜《よろこ》んで食べる家族を見るのが好きな人は、 人に好かれる人です。
家族が弁当作りを手伝ってくれそうになるのを断《ことわ》れた人は、
独《ひと》り立ちしていく力のある人です。
「いただきます」「ごちそうさま」が言えた人は、
感謝《かんしゃ》の気持ちを忘れない人です。
家族が揃《そろ》って食事をすることを
楽しいと感じた人は、
家族の愛に包《つつ》まれた人です。

滝宮《たきのみや》小学校の先生たちは、
こんな人たちに成長してほしくって
2年間取り組んできました。
おめでとう。
これであなたたちは、
「弁当の日」をりっぱに卒業できました。

この本の著者《ちょしゃ》を紹介《しょうかい》します

竹下和男《たけしたかずお》

1949(昭和24)年、香川県生まれ。香川大学教育学部卒。小学校教員9年、中学校教員10年、教育行政職9年を経て、2000(平成12)年に綾南町立滝宮小学校の校長となり、01年から「弁当の日」を始める。03年から国分寺町立国分寺中学校校長、08年から綾川町立綾上中学校校長を勤め、10年3月に定年退職。

［著書］

『〝弁当の日〟がやってきた―子ども・親・地域が育つ香川・滝宮小の「食育」実践記』、『台所に立つ子どもたち― 〝弁当の日〟からはじまる「くらしの時間」香川・国分寺中学校の食育』、『始めませんか 子どもがつくる「弁当の日」 鎌田實 対談 竹下和男』

(すべて自然食通信社)

渡邉美穂《わたなべみほ》

1974(昭和49)年生まれ。97年に西日本新聞社に入社。社会部記者だった2003年、朝刊一面で始まった長期企画「食卓の向こう側」の取材班になる。当時はまったく食に関心がなく、自宅からは生ゴミすら出ない状態だったが、できることから食生活を見直す「半歩先の挑戦」をスタート。体調が改善し、食の大切さを痛感した。06年6月、結婚を機に退社し、フリーライターになる。夫、子ども2人と福岡県糸島市で念願の田舎暮らしを実践中。

泣きみそ校長と弁当の日

発行◉2010年7月7日初版発行
2017年9月13日第4刷発行

著者◉竹下和男・渡邊美穂

発行人◉柴田建哉／発行所◉西日本新聞社 〒810・8721
福岡市中央区天神1・4・1 電話（出版部）092・711・5523／印刷◉西日本新聞印刷／製本◉篠原製本

ISBN978-4-8167-0817-6 C0036
西日本新聞社ホームページ http://nishinippon.co.jp/

編集◉安武信吾、末崎光裕（詠人舎）／絵◉フクイ＊ユキ
ブックデザイン◉詠人舎 ／ アシスタント◉田中美佳